BEI GRIN MACHT SICH IHR
WISSEN BEZAHLT

- Wir veröffentlichen Ihre Hausarbeit,
  Bachelor- und Masterarbeit

- Ihr eigenes eBook und Buch -
  weltweit in allen wichtigen Shops

- Verdienen Sie an jedem Verkauf

Jetzt bei www.GRIN.com hochladen
und kostenlos publizieren

Bibliografische Information der Deutschen Nationalbibliothek:

Die Deutsche Bibliothek verzeichnet diese Publikation in der Deutschen National-
bibliografie; detaillierte bibliografische Daten sind im Internet über http://dnb.d-
nb.de/ abrufbar.

Impressum:

Copyright © 2014 GRIN Verlag, Open Publishing GmbH
Druck und Bindung: Books on Demand GmbH, Norderstedt Germany
ISBN: 978-3-668-07333-3

Dieses Buch bei GRIN:

http://www.grin.com/de/e-book/308405/papst-franziskus-aspekte-des-lebens-und-
der-theologie-eines-jesuitischen

Alexander Gleixner

Aus der Reihe: e-fellows.net stipendiaten-wissen

e-fellows.net (Hrsg.)

Band 1622

Papst Franziskus. Aspekte des Lebens und der Theologie eines jesuitischen Pontifex

GRIN Verlag

GRIN - Your knowledge has value

Der GRIN Verlag publiziert seit 1998 wissenschaftliche Arbeiten von Studenten, Hochschullehrern und anderen Akademikern als eBook und gedrucktes Buch. Die Verlagswebsite www.grin.com ist die ideale Plattform zur Veröffentlichung von Hausarbeiten, Abschlussarbeiten, wissenschaftlichen Aufsätzen, Dissertationen und Fachbüchern.

Besuchen Sie uns im Internet:

http://www.grin.com/

http://www.facebook.com/grincom

http://www.twitter.com/grin_com

Friedrich - Dessauer - Gymnasium Aschaffenburg

Kollegstufenjahrgang 2013/2015

Seminararbeit

aus dem

W-Seminar

Thema :

Papst Franziskus – ein Papst von heute für heute ?
Aspekte des Lebens und der Theologie eines jesuitischen Pontifex

Verfasser der Seminararbeit: Alexander Gleixner

Abgegeben am   04.11.2014

Inhaltsangabe :

1 Das Erbe Benedikts XVI.

„Nachdem ich wiederholt mein Gewissen vor Gott geprüft habe, bin ich zur Gewissheit gelangt, dass meine Kräfte infolge des vorgerückten Alters nicht mehr geeignet sind, um in angemessener Weise den Petrusdienst auszuüben."[1]

Mit dieser Entscheidung bricht Papst Benedikt XVI. ein Tabu. Ein Papst der zurücktritt? Der letzte Papst, der freiwillig und lebend aus seinem Amt schied, war Coelestin V. im Jahr 1294.[2] Offizieller Amtsverzicht von Papst Benedikt ist der 28. Februar 2013. Ab diesem Moment befand sich die katholische Kirche in der sogenannten Sedisvakanz[3], einer Zeit, in der der Stuhl Petri nicht besetzt ist.

Kontinuität empfand Benedikt stets als entscheidendes Merkmal der Kirche. Diese Denk– und Sichtweise lässt darauf schließen, dass er nicht ein Papst war, der die großen Veränderungen der Kirche herbeiführen wollte. Zu aktuellen Themen, mit denen sich die Kirche auseinandersetzen muss, wie gleichgeschlechtliche Ehe, Zölibat oder Verhütungsmittel, vertritt er eine konservative Sichtweise. Laut Biallowons war Papst Benedikt stets bemüht, die katholische Kirche möglichst unversehrt durch eine Zeit zu bringen, die geprägt war von viel Unruhe und Kritik. Trotzdem gibt es nicht wenige Stimmen, die sein Pontifikat als eher unglücklich bezeichnen.[4]

„Alle Macht ist die Macht des Gewissens."[5] Für diese Konsequenz hat der Papst sogar den Bruch der Kontinuität in Kauf genommen. Benedikts Rücktritt kann als seine wahrscheinlich größte und reformorientierteste Entscheidung seines Pontifikats angesehen werden. Der scheidende Papst hinterlässt seinem Nachfolger ein schweres Erbe. Nach der Meinung Biallowons wird sein Nachfolger dabei Reformen und grundsätzliche Erneuerungen forcieren müssen, um sich den neuen Umständen in der Welt anzupassen und somit neue Gebiete zu erschließen, ohne aber dabei alte völlig aufzugeben.[6]

„Der neue Pontifex muss mehr denn je Brückenbauer sein zwischen Okzident und Orient, Tradition und Moderne, zwischen Revolutionären, Reformern und Reaktionären."[7]

---

[1] Haupt, Heiko: Franziskus: Papst der Armen. München, 2013, 65.

[2] Haupt, Heiko: Coelestin V. In: LThK³ 2 (1994), 1247.

[3] Haupt, Heiko: Sedisvakanz. In: LThK³ 9 (2000), 365.

[4] Biallowons, Simon: Franziskus: Der neue Papst. München, 2013, 35–37.

[5] Biallowons, Simon: Franziskus: Der neue Papst. München, 2013, 35.

[6] Biallowons, Simon: Franziskus: Der neue Papst. München, 2013, 37.

[7] Biallowons, Simon: Franziskus: Der neue Papst. München, 2013, 36.

2 Erarbeitung des Themas „Papst Franziskus – ein Papst von heute für heute ?"

2.1 Lebenslauf von Jorge Mario Bergoglio

2.1.1 Herkunft, Jugend und kirchlicher Werdegang

Jorge Mario Bergoglio wird am 17. Dezember 1936 in Buenos Aires als Sohn des aus Italien eingewanderten Jóse Mario Bergoglio und dessen Frau Regina Maria Sivori geboren. Er ist das Älteste von fünf Geschwistern. Die sehr katholische Familie lebte im Stadtteil Flores. Jorge Mario Bergoglio verbrachte ein ganz normale Kindheit. Er zeigte großes Interesse für die Wissenschaft und Technik und war ein großer Fußballfan. Eine Ausbildung als Chemietechniker schloss er 1956 mit Diplom ab.

Wenn man sein Leben bis dahin betrachtet, sah es nicht so aus, als ob aus Jorge Mario Bergoglio einmal der höchste Würdenträger der römisch katholischen Kirche werden sollte. Der katholische Glaubee war für ihn zwar selbstverständlich, dennoch strebte er keine Karriere unter dem Dach der Kirche an.

Aufgrund von Komplikationen bei der fünften Geburt blieb seine Mutter zunächst gelähmt. Als ältester Bruder musste Jorge Mario Bergoglio bereits in frühen Jahren viel Verantwortung übernehmen und sich um seine Geschwister kümmern. Im Alter von 21 Jahren erkrankte er an einer schweren Lungenentzündung. Diese Einschnitte in seinem Leben führten bei dem jungen Bergoglio zu einem Umdenken und einer Neuplanung seines Lebens.

Im Jahr 1968 trat er als ein einfacher Novize in den Jesuitenorden ein.[8] In Kombination mit einem Auslandsaufenthalt begann er mit dem Studium einer Geisteswissenschaft in Chile. Bergoglio lebte während dieser Zeit in der Gemeinde Padre Hurtado.[9] Nach der erfolgreichen Beendigung seines Noviziats kehrte er nach Buenos Aires zurück und legte sein erstes Gelübde ab. Er entschied sich damit für ein verbindliches Ordensleben mit all seinen Bedingungen. Im Jahr 1963 erlangte Jorge Mario Bergoglio einen Studienabschluss in Philosophie am Kollegium San José von San Miguel. Ein abgeschlossenes Studium der Theologie folgte 1970.[10]

---

[8] Haupt, Heiko: Jesuitenorden. In: LThK³ 5 (1996), 794–800.

[9] Haupt, Heiko: Padre Hurtado. In: LThK³ 5 (1996), 339.

[10] Für den Unterpunkt *2.1.1 Herkunft, Jugend und kirchlicher Werdegang* wurde ausschließlich folgende Quelle verwendet : Haupt, Heiko: Franziskus: Papst der Armen. München, 2013, 13–28.

2.1.2 Priester und Provinzial des Jesuitenordens zur Zeit der Militärdiktatur

2.1.2.1 Wahl zum Provinzial zu einem kritischen Zeitpunkt

Am 13. Dezember 1969 wurde er von Ramón José Castellano, dem Erzbischof von Córdoba, zum Priester geweiht – vier Tage vor seinem 33. Geburtstag. Zur vollständigen Eingliederung in den Jesuitenorden musste er noch das Terziat absolvieren, ein halbes Jahr, in dem der Priester viel reist und eine Auszeit nimmt. Im Alter von 36 Jahren legte er am 22. April 1973 die ewigen Gelübde ab. Dabei werden die Gelübde zu Armut, Keuschheit und Gehorsam wiederholt und Ordenspriester fügen noch ein viertes Gelübde hinzu, mit dem sie eine besondere Verpflichtung gegenüber dem Papst eingehen. Am 31. Juli 1973 wurde er zum Provinzial für Argentinien gewählt und stand somit die folgenden sechs Jahre dem Orden vor. Zu diesem Zeitpunkt war noch nicht absehbar, dass ihm bald eine Zeit bevorsteht, die ihn bis heute begleiten wird und immer noch Fragen aufwirft.[11]

Es ist eines der schwärzesten Kapitel in der Geschichte Argentiniens, die Zeit der Militärdiktatur. „Die Vorwürfe gegen den jetzigen Papst waren deutlich: Eine zu große Nähe zu den mit eiserner Faust regierenden Generälen wurde ihm vorgeworfen; er solle sich nicht genug vor seine Glaubensbrüder gestellt haben."[12]

Insgesamt nimmt man an, fielen der Militärjunta 30.000 Menschen zum Opfer. Auch die katholische Kirche geriet in die Kritik und wurde der Kooperation mit der Junta bezichtigt.

Laut Haupt wird nun vor allem nach seiner Wahl versucht werden, die Rolle Bergoglios zu dieser Zeit kritisch und akribisch zu analysieren. Es ist nicht das erste Mal, dass Franziskus mit Anschuldigungen zu seinem Handeln während der Militärjunta konfrontiert wird. Was sind eigentlich die konkreten Vorwürfe gegen Papst Franziskus, dem damaligen Provinzial Argentiniens? Im Mittelpunkt gibt es zwei Anschuldigungen: „Jorge Mario Bergoglio habe mit dem Regime kollaboriert und zwei Jesuitenpater nicht geschützt, außerdem sollen ihm Fälle von Babyraub bekannt gewesen sein."[13]

---

[11] Haupt, Heiko: Franziskus: Papst der Armen. München, 2013, 28–29.

[12] Haupt, Heiko: Franziskus: Papst der Armen. München, 2013, 30.

[13] Haupt, Heiko: Franziskus: Papst der Armen. München, 2013, 32.

2.1.2.2 Der Fall von Yorio und Jaclis

Bei den zwei Jesuiten handelt es sich um Orlando Yorio und Franz Jaclis, die beide am 23. Mai verschwanden. Die Pater lebten in einem Slum, um sich vor Ort um die Armen zu kümmern. Von dort wurden sie entführt und kamen erst nach fünf Monaten frei. Während ihrer Gefangenschaft wurden sie grausam gefoltert und unter Drogen gesetzt. Nach ihrer Freilassung belasteten beide den damaligen Provinzial Bergoglio schwer. Die Schwester von Yorio schrieb nach der Wahl von Papst Franziskus einen Brief, in dem sie ihn unversöhnlich für die fünf Monate Folter ihres Bruders, die er nie mehr ganz überwand, verantwortlich macht. Jorge Mario Bergoglio selbst äußerte sich so, dass er sich im Hintergrund massiv für eine Freilassung der beiden Priester eingesetzt habe. Zweifel bleiben dennoch. Nach der Meinung Haupts ist es Fakt, dass kein Jesuiten–Provinzial in dieser Zeit öffentlich Stellung gegen das Regime bezogen hat, und dennoch agierten viele regimekritisch.[14]

1979 gab er bereits wieder den Posten als Provinzial ab. Von 1980 bis 1986 war er als Theologieprofessor und Rektor in den Fakultäten für Philosophie und Theologie tätig. Während dieser Zeit hielt er sich auch kurzzeitig in Deutschland auf und spricht seitdem neben Spanisch und Italienisch auch Deutsch.[15]

2.1.3 Seine Zeit als Bischof und Erzbischof von Buenos Aires

Am 20. Mai 1992 wurde Jorge Mario Bergoglio durch Johannes Paul II. zum Weihbischof[16] von Buenos Aires ernannt und erhielt am 27. Juni durch den Erzbischof von Buenos Aires, Kardinal Antonio Quarracino, die Bischofsweihe. Den nächsten Schritt seiner kirchlichen Karriere machte er am 3. Juni 1997, als Bergoglio zum Koadjutorerzbischof[17] ernannt wurde. Bereits ein halbes Jahr später verstarb Quarracino im Alter von 74 Jahren. Jorge Mario Bergoglio wurde somit zum Nachfolger und damit Erzbischof von Buenos Aires. Trotz seiner neuen Stellung blieb er immer ein einfacher Seelsorger und wurde seinem Bild als „Anwalt der Armen" gerecht. Seine Tugenden der Bescheidenheit, Hilfsbereitschaft und Aufopferung behielt er.[18]

---

[14] Haupt, Heiko: Franziskus: Papst der Armen. München, 2013, 34–36.

[15] Haupt, Heiko: Franziskus: Papst der Armen. München, 2013, 47–48.

[16] Haupt, Heiko: Weihbischof. In: LThK³ 10 (2001), 1003.

[17] Haupt, Heiko: Koadjutor. In: LThK³ 6 (1997), 163.

[18] Haupt, Heiko: Franziskus: Papst der Armen. München, 2013, 49–51.

2.1.4 Ernennung zum Kardinal

Am 21. Februar 2001 wurde er von Papst Johannes Paul II. in den Kardinalsstand erhoben. Seine Titelkirche ist San Roberto Bellarmino. Er wurde zum Mitglied der Kongregation für den Klerus, der Kongregation für den Gottesdienst und die Sakramentenordnung und gehörte zu den Zuständigen für die Institute geweihten Lebens und die Gesellschaften apostolischen Lebens. Am 8. November 2005 wurde er zum Vorsitzenden der argentinischen Bischofskonferenz gewählt.[19]

2.2 Papst Franziskus – die ersten Jahre seines Pontifikats
2.2.1 Verlauf des Konklave von 2013

Nach dem Auszug Papst Benedikts XVI. ging am 28. Februar um 20 Uhr die Leitung der Kirche an das Kardinalskollegium über. Um die Zeit der Sedisvakanz möglichst kurz zu halten, änderte Papst Benedikt XVI. einige Bestimmungen der Papstwahl. Dafür erließ er am 22. Februar ein Apostolisches Schreiben, das „Motu proprio Normas nonnullas". Mit seinem Schreiben erlaubte der scheidende Papst, dass der Beginn des Konklaves auf den 12. März 2013 vorgezogen werden konnte.

Stimmberechtigt waren bei der Wahl insgesamt 117 Kardinäle. Die meisten von ihnen waren Europäer und allein 28 davon besaßen die italienische Staatsbürgerschaft. Nicht nur deswegen galt Angelo Scola, der Erzbischof von Mailand, als einer der Wahlfavoriten.

Viele Beobachter erwarteten ein langes Konklave, aufgrund des großen Favoritenkreises und der hohen Anzahl an Stimmberechtigten. Nach dem Scheitern des ersten Wahlgangs am 12. März stieg schwarzer Rauch aus der Sixtinischen Kapelle auf.

Am 13. März nach dem fünftem Wahlgang stieg um 19:06 Uhr weißer Rauch auf und die ganze Welt wusste: Ein neuer Papst ist gewählt. Um 20:13 Uhr wurde von der Benediktionsloggia, dem Mittelbalkon des Petersdoms, feierlich verkündet: „Habemus Papam" – Wir haben einen Papst! Jorge Mario Bergoglio nimmt die Wahl zum Oberhaupt der Kirche an und wird zum 265. Nachfolger des heiligen Petrus. Er nimmt den Namen Franziskus an.[20]

---

[19] Haupt, Heiko: Franziskus: Papst der Armen. München, 2013, 54.

[20] Für den Unterpunkt *2.2.1 Verlauf des Konklave 2013* wurde ausschließlich folgende Quelle verwendet : Haupt, Heiko: Franziskus: Papst der Armen. München, 2013, 73–80.

2.2.2 Bedeutung und Herkunft des Papstnamens „Franziskus"

Der Papst nimmt nach der Wahl einen neuen Namen an und tut dies meist in der Tradition seiner Vorgänger. Nicht so Jorge Mario Bergoglio. Er wollte einen Namen, der zu seinem Wirken passt. Als erster Papst wählt er den Namen Franciscus (dt. Franziskus). Franziskus von Assisi[21], der Mann der Armut und des Friedens. Dieser Namenspatron drückt am Besten sein angestrebtes Ziel aus: Franziskus möchte eine arme Kirche für die Armen. Der Papst erkennt sich selbst in den Ideen und dem Handeln wieder, für das Franziskus steht.[22]

Franziskus von Assisi wurde 1181 in der italienischen Stadt Assisi als Giovanni Battista Bernardone geboren. Was ihn für viele zum Vorbild macht, ist vor allem der Wandel, der sich in seinem Leben vollzogen hat. Seine Eltern waren sehr wohlhabend und er bekam als Kind alles, was er wollte, was ihm schnell den Gedanken der Unbesiegbarkeit vermittelte. Passend dazu wurde er Ritter. Nach einer verlorenen Schlacht befand er sich für zwei Jahre in einem Kerker. Seit diesem Erlebnis war er aber nicht mehr der selbe. Franziskus wandte sich von seinen alten Leben ab und zog sich immer mehr in die Einsamkeit zurück. Er entschloss sich für ein Leben in Armut und wurde so zum Bettelmönch. Seiner Lebensweise schlossen sich immer mehr Brüder an, sodass die Gruppe im Jahr 1209 Papst Innozenz III. um Erlaubnis bat, gemäß ihrer Regeln in Armut zu leben und zu predigen – es war die Geburtsstunde des Franziskanerordens.[23]Am 3. Oktober 1226 starb Franziskus von Assisi und wurde bereits zwei Jahre später heilig gesprochen.[24]

---

[21] Haupt, Heiko: Franziskus von Assisi. In: LThK[3] 4 (1995), 44.

[22] Haupt, Heiko: Franziskus: Papst der Armen. München, 2013, 82–83.

[23] Haupt, Heiko: Franziskanerorden. In: LThK[3] 4 (1995), 30–37.

[24] Haupt, Heiko: Franziskus: Papst der Armen. München, 2013, 83–86.

2.2.3 Symbolik des päpstlichen Wappens

Abb. 1:

Papstwappen von Franziskus[25]

Das Papstwappen von Franziskus ist einfach und schlicht gehalten. Vom Aufbau ähnelt es dem Wappen von Benedikt XVI. Das blau gehaltene Schild wird eingerahmt von päpstlichen Symbolen, wie schon bei dem Wappen Benedikts XVI. Statt der päpstlichen Tiara[26] wählt er die bischöfliche Mitra.

Im oberen Teil des Schildes sieht man das Emblem der Gesellschaft Jesu, der der Papst angehört: eine gelbe Sonne, in der das Christusmonogramm „IHS" in roter Schrift eingeschrieben steht. Das Christusmonogramm wird bei den Jesuiten als Kurzform von „Iesum Habemus Socium", (dt. „Wir haben Jesus als Gefährten") verwendet. Die drei schwarzen Nägel darunter symbolisieren die jesuitischen Ordensgelübde, der Armut, Keuschheit und des Gehorsams.

Die untere Hälfte von Franziskus' Wappens teilen sich ein Stern, der die Jungfrau Maria symbolisieren soll, und ein Ast der indischen Narde, der für den Schutzpatron der Weltkirche, den heiligen Josef, stehen soll. Das Motto des Papstes „miserando atque eligendo" (dt. „aus Barmherzigkeit gewählt"), welches er bereits als Bischofsspruch hatte, entstammt den Predigten des heiligen Beda Venerabilis. Mit diesem Spruch erinnert er an sein Eingebungserlebnis, das er mit 17 Jahren während des Matthäusfests hatte.[27]

---

[25] Abb. 1: „Papstwappen von Franziskus" Auf: http://www.wallfahrt-werl.de/images/Wappen_Papst_Franziskus-Org.jpg

[26] N.N.: Das Wappen des neuen Papstes. Auf: http://de.radiovaticana.va/storico/2013/03/18/das_wappen_des_neuen_papstes/ted-674459 Tiara. In: LThK³ 10 (2001), 20.

[27] Für den Unterpunkt *2.2.3 Symbolik des päpstlichen Wappens* wurde ausschließlich folgende Quelle verwendet : N.N.: Das Wappen des neuen Papstes. Auf: http://de.radiovaticana.va/storico/2013/03/18/das_wappen_des_neuen_papstes/ted-674459

2.3 Papst Franziskus – ein Reformpapst vom anderen Ende der Welt ?

2.3.1 Lebensweise und Auftreten

Papst Franziskus – ein unkonventioneller Papst. In seiner Heimat Buenos Aires ist er bekannt als bescheidener und menschennaher Mann. Schon als er damals, noch als Jorge Mario Bergoglio, das Amt des Erzbischofs von Buenos Aires inne hatte, blieb er dennoch immer ein einfacher Bürger dieser Stadt und gewann so die Sympathien vieler. Man kann vermuten, dass der „Anwalt der Armen" auch im Vatikan seiner Linie treu bleiben wird.

Dies zeigte sich bereits bei seinem ersten Auftritt auf der Loggia des Petersdoms, als der neue Papst den Gläubigen in der schlichten weißen Soutane erscheint statt mit der päpstlichen Mozetta. Auch verzichtete er vor seiner offiziellen Amtseinführung auf das kugelsicherere Papamobil, um näher an den Menschen zu sein. Papst Franziskus umarmte minutenlang einen an einer unheilbaren Krankheit leidenden Mann. Am 22. März 2013 feierte er mit Angestellten des Vatikans eine Messe, bevor er die hochrangigen Vatikanbotschafter empfing.

Des Weiteren trägt er immer noch das Brustkreuz aus Eisen aus seiner Kardinalszeit. Es wird immer deutlicher, dass er sich an sein Armutsgelübde, das er als Jesuit abgelegt hat, auch als Papst halten will. Der neue Papst geht mehr als zuvor auf die Menschen zu, um für Barmherzigkeit zu predigen und der Kirche ein neues Gesicht zu verleihen.[28]

2.3.2 Neue Impulse und Anstöße für Reformen

Mit Papst Franziskus bekleidet erstmals ein Südamerikaner das Amt des Papstes. Wird er die Kirche verändern und einen neuen Kurs vorgeben? Wird er sich weiter für die Armen und Schwachen unserer Gesellschaft einsetzen? Welche Reformen wird es unter seinem Pontifikat geben? Es gibt so viele Fragen und noch lange nicht genug Antworten. Kann dieser Mann, auf dem die Hoffnungen von über einer Milliarde Katholiken ruhen, alldem gerecht werden? Eine Antwort darauf könnte ein Gedanke aus seinem Apostolischen Schreiben sein:

„Die Kirche wird auf dem Wege ihrer Pilgerschaft von Christus zu dieser dauernden Reform gerufen, deren sie allzeit bedarf, soweit sie menschliche und irdische Einrichtung ist."[29]

---

[28] Für den Unterpunkt *2.3.1 Lebensweise und Auftreten* wurde ausschließlich folgende Quelle verwendet :
Haupt, Heiko: Franziskus: Papst der Armen. München, 2013, 87–90.

[29] Papst Franziskus [Sekretariat der Deutschen Bischofskonferenz] : Apostolisches Schreiben EVANGELII GAUDIUM des Heiligen Vaters Papst Franziskus über die Verkündung des Evangeliums in der Welt von heute. [Nr. 194]. Bonn, 2013, II. [25–26].

2.3.2.1 Umgang mit Armut und sozialer Ungerechtigkeit

„Aus unserem Glauben an Christus, der arm geworden und den Armen und Ausgeschlossenen immer nahe ist, ergibt sich die Sorge um die ganzheitliche Entwicklung der am stärksten vernachlässigten Mitglieder der Gesellschaft."[30] Laut Haupt wird Franziskus seine neue Stellung in der Kirche vor allem dazu benutzen, die Armutsbekämpfung in den Vordergrund zu rücken.[31] Sein Blick wird sich nicht auf Europa richten, sondern auf die ganze Welt. Speziell in die Teile, in denen die Menschen mit Armut und sozialer Ungerechtigkeit kämpfen müssen. Papst Franziskus stellt sich zudem gegen die Macht der Wirtschaft: „Diese Wirtschaft tötet."[32] Niemand darf vom Wirtschaftssystem ausgeschlossen werden. Der Papst prangert vor allem den egozentrischen Lebensstil derjenigen an, die durch die Wirtschaft profitieren. Als Folge daraus sieht Franziskus eine Entwicklung der „Globalisierung der Gleichgültigkeit", von der die Menschen wegkommen müssen, um wieder Mitleid empfinden zu können.[33]

2.3.2.2 Stärkung des interreligiösen Dialogs

„Eine Haltung der Offenheit in der Wahrheit und in der Liebe muss den interreligiösen Dialog mit den Angehörigen der nicht–christlichen Religionen kennzeichnen, trotz der verschiedenen Hindernisse und Schwierigkeiten, besonders der Fundamentalismen auf beiden Seiten. Dieser interreligiöse Dialog ist eine notwendige Bedingung für den Frieden in der Welt und darum eine Pflicht für die Christen wie auch für die anderen Religionsgemeinschaften."[34] Nach der Ansicht Haupts wird Franziskus sich vor allem für eine Verbesserung der christlich–islamischen Beziehung einsetzen.[35] Auch der Dialog mit dem Juden ist ein Thema, dass ihm sehr viel bedeutet, dies bestätigt sein enger Freund der Rabbi Skorka. Hesemann sieht Papst Franziskus dabei in der Rolle eines Brückenbauers, der die katholische Kirche der Welt und den anderen Religionen neu präsentiert.[36]

---

[30] Apostolisches Schreiben EVANGELII GAUDIUM des Heiligen Vaters Papst Franziskus. [Nr. 194]. Bonn, 2013, II. [186].

[31] Haupt, Heiko: Franziskus: Papst der Armen. München, 2013, 112.

[32] Apostolisches Schreiben EVANGELII GAUDIUM des Heiligen Vaters Papst Franziskus. [Nr. 194]. Bonn, 2013, I. [53].

[33] Apostolisches Schreiben EVANGELII GAUDIUM des Heiligen Vaters Papst Franziskus. [Nr. 194]. Bonn, 2013, I. [54].

[34] Apostolisches Schreiben EVANGELII GAUDIUM des Heiligen Vaters Papst Franziskus. [Nr. 194]. Bonn, 2013, IV. [250].

[35] Haupt, Heiko: Franziskus: Papst der Armen. München, 2013, 143.

[36] Hesemann, Michael: Papst Franziskus: Das Vermächtnis Benedikts XVI. und die Zukunft der Kirche. München, 2013, 258.

2.3.2.3 Erneuerung der Kurie

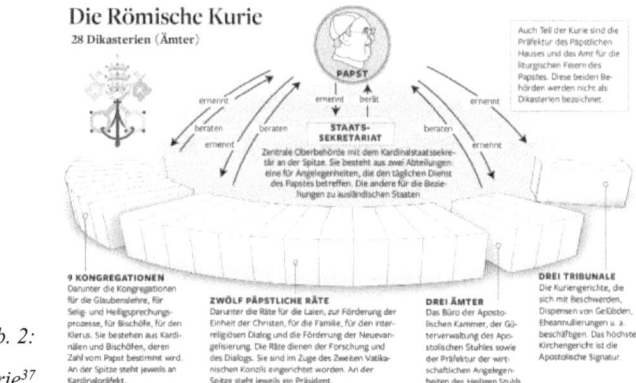

Abb. 2:

Die Römische Kurie[37]

Der Journalist Bremer befindet eine Reform der Kurie als notwendig. Zu einer modernen Kirche gehört eine funktionierende Zentrale, deshalb wird diese Reform von vielen Kardinälen gefordert. Es wäre zu erwarten, dass die Verwaltung kompakter wird, indem einige Kongregationen und päpstliche Räte zusammengelegt werden. Zur Unterstützung für dieses Vorhaben berief Franziskus acht Kardinäle aus aller Welt, mit denen er sich berät, um eine nachhaltige Umstrukturierung der Kurie durchzusetzen. Vorerst bestätigt der Papst die Chefs der Kurie, aber nur, um sich Zeit zu verschaffen für wichtige Personalentscheidungen. Ein durchaus interessanter Gedanke wäre auch, ob nicht vielleicht mehr Nichtpriester und Frauen auch in Spitzenpositionen eingesetzt werden sollten. Es bleibt abzuwarten, wie sich der Papst letztendlich entscheidet, anzunehmen ist nur, es wird nicht alles beim Alten bleiben.[38]

Franziskus machte im Interview mit Antonio Spadaro deutlich: „Die organisatorischen und strukturellen Reformen sind sekundär, sie kommen danach. Die erste Reform muss die der Einstellung sein. Die Diener des Evangeliums müssen in der Lage sein, die Herzen der Menschen zu erwärmen. Das Volk Gottes will Hirten und nicht Funktionäre oder Staatskleriker."[39]

---

[37] Abb. 2: „Die Römische Kurie" Auf: http://img.welt.de/img/ausland/crop120664951/9639733303-ci3x2l-w540/DWO-Kurie.jpg

[38] Bremer, Jörg: Baustelle Vatikan. Auf: http://www.faz.net/aktuell/politik/kurienreform-baustelle-vatikan-12698630.html

[39] Spadaro, Antonio: Das Interview mit Papst Franziskus Teil I und II. Auf: http://www.stimmen-der-zeit.de/zeitschrift/online_exklusiv/details_html?k_beitrag=3906412, Teil 1 [Die Kirche – Ein Feldlazarett]

2.3.2.4 Seine Haltung zum Zölibat und zur Sexualität

Wie steht Franziskus eigentlich zu den anderen Fragen der Kirche, die vor allem Europa betreffen? Wenn der neue, so weltoffen wirkende Papst dazu Stellung nimmt, steht er oft ganz anders da. In Fragen der Kirchenlehre und der Morallehre vertritt er eine konservative Sichtweise. „Er sprach sich immer gegen die Abtreibung aus und unterstützt das Priesterzölibat. [...] Auch eine stärkere Rolle der Frau wird es unter ihm kaum geben. Homosexuelle dürften ebenfalls keine Anerkennung durch den Papst erfahren."[40]

Der Papst selbst äußert sich nur sehr selten und ungern zu diesen Themen. Im Interview mit Antonio Spadaro erläutert er seine Position so: „Wir können uns nicht nur mit der Frage um die Abtreibung befassen, mit homosexuellen Ehen und mit Verhütungsmethoden. Das geht nicht. Ich habe nicht viel über diese Sachen gesprochen. Das wurde mir vorgeworfen. [...] Im Übrigen kennt man ja die Ansichten der Kirche, und ich bin ein Sohn der Kirche. Aber man muss nicht endlos davon sprechen."[41]

Die Ansichten der Kirche sind ja bekannt und gelten bei vielen als überholt und nicht mehr zeitgemäß. Es bleibt abzuwarten, inwieweit der Papst seine Meinung beibehält. Sein bester Freund, der Rabbi Abraham Skorka, ist sich jedenfalls sicher: „Ich glaube nicht, dass er den Zölibat aufhebt – in all diesen Fragen ist er sehr konservativ. Seine Revolution ist geistlicher Natur. In all diesen Skandalen, die in den Medien waren, ob es nun um die Vatikanbank oder um homosexuelle Priester ging, da wird er keine Toleranz kennen. Er wird kämpfen, um eine Kirche der Demut, eine Kirche der Armen, finanziell und geistig, ja eine Kirche der Reinheit aufzubauen."[42]

---

[40] Haupt, Heiko: Franziskus: Papst der Armen. München, 2013, 120.

[41] Spadaro, Antonio: Das Interview mit Papst Franziskus Teil I und II. Auf: http://www.stimmen-der-zeit.de/zeitschrift/online_exklusiv/details_html?k_beitrag=3906412, Teil 1 [Die Kirche – Ein Feldlazarett]

[42] Hesemann, Michael: Papst Franziskus: Das Vermächtnis Benedikts XVI. und die Zukunft der Kirche. München, 2013, 258.

3 Papst Franziskus – der „nächste Konzilspapst" ?

3.1 Franziskus Einschätzung zum II. Vatikanischen Konzil

Im Interview mit Antonio Spadaro wurde Franziskus auch eine Frage zur Verwirklichung des Zweiten Vatikanums gestellt. Wie Spadaro selbst schreibt, erwartete er eine längere, ausführliche Antwort, doch im Gegenteil. Franziskus sieht das Konzil als ein Faktum an, über das es sich nicht lohnt, länger zu diskutieren.

„Das Zweite Vatikanum war eine neue Lektüre des Evangeliums im Licht der zeitgenössischen Kultur. Es hat eine Bewegung der Erneuerung ausgelöst, die aus dem Evangelium selbst kommt."[43] So beschreibt der Papst das Konzil und bezieht erst später eine kritische Stellung in Bezug auf die Umsetzung der Ideen des Vatikanums.

„Der Heilige Geist drängt zum Wandel, und wir sind bequem."[44] Mit diesen Worten beklagte Papst Franziskus deutlich die Umsetzung des zweiten Vatikanischen Konzils. Viele seien heute zu zufrieden und das sei der Fehler, denn mit Blick auf das Konzil verhält es sich für Franziskus ganz einfach:

„Das Konzil war ein großartiges Werk des Heiligen Geistes. Denkt an Papst Johannes: Er schien ein guter Pfarrer zu sein, aber er war dem Heiligen Geist gehorsam und hat dieses Konzil begonnen. Aber heute, 50 Jahre danach, müssen wir uns fragen: Haben wir da all das getan, was uns der Heilige Geist im Konzil gesagt hat?

In der Kontinuität und im Wachstum der Kirche, ist da das Konzil zu spüren gewesen? Nein, im Gegenteil: Wir feiern dieses Jubiläum und es scheint, dass wir dem Konzil ein Denkmal bauen, aber eines, das nicht unbequem ist, das uns nicht stört. Wir wollen uns nicht verändern und es gibt sogar auch Stimmen, die gar nicht vorwärts wollen, sondern zurück: Das ist dickköpfig, das ist der Versuch, den Heiligen Geist zu zähmen. So bekommt man törichte und lahme Herzen."[45]

---

[43] Spadaro, Antonio: Das Interview mit Papst Franziskus Teil I und II. Auf: http://www.stimmen-der-zeit.de/zeitschrift/online_exklusiv/details_html?k_beitrag=3906412, Teil 2 [Das Zweite Vatikanische Konzil]

[44] N.N.: Papst Franziskus bemängelt die Umsetzung des zweiten Vatikanums. Auf: http://de.radiovaticana.va/news/2013/04/16/papst_franziskus_bemängelt_umsetzung_des_zweiten_vatikanums/ted-683281

[45] N.N.: Papst Franziskus bemängelt die Umsetzung des zweiten Vatikanums. Auf: http://de.radiovaticana.va/news/2013/04/16/papst_franziskus_bemängelt_umsetzung_des_zweiten_vatikanums/ted-683281

3.2 Hinweise auf eine mögliche Konzilseröffnung

Der ehemalige Wiener Weihbischof und Konzilszeuge Helmut Krätzl begegnete bereits persönlich Johannes XXIII. und sieht eine große Ähnlichkeit zwischen dem früheren Reformpapst und dem jetzigen Papst Franziskus. Krätzl kann sich auch gut vorstellen, dass Franziskus der nächste Konzilspapst wird.

„Für mich haben Johannes XXIII. und Franziskus große Ähnlichkeiten. Natürlich liegen mehr als fünfzig Jahre dazwischen, aber die freie Entscheidung und das Zugehen auf die Menschen, das ähnelt sich doch sehr. Franziskus sagt: Für mich ist der schönste Begriff für die Kirche der Leib Christi – ebenso formulierte es das Konzil. Und dazu kommen noch die Betonung der Kollegialität der Bischöfe sowie die Selbstständigkeit der Ortskirchen."[46]

In Bezug auf die Zitate zur Einschätzung des Papstes zur Verwirklichung des Zweiten Vatikanums, erkennt man deutlich, dass der Papst die Kirche immer in Bewegung sieht. Das Gefühl der Zufriedenheit ist für ihn eine Verseuchung. Man sollte sich dem Heiligen Geist nicht widersetzen oder versuchen ihn zu zähmen. Ziel sei es ihm zu folgen und die Kirche vorwärts zu bringen, auch wenn es unbequem ist.[47] In seinem ersten Apostolischen Schreiben hebt Franziskus deshalb besonders das Wort des „Aufbruchs" hervor, das für ihn ein Leitgedanke der Kirche ist.

Dieser „Aufbruch" und die durchzuführenden Reformen seien aber erst dann möglich, wenn der Kern der Kirche erneuert wird. Der Rabbi und beste Freund von Papst Franziskus Abraham Skorka formuliert es wie folgt: „Eine Selbstreinigung der Kirche ist das Ziel von Bergoglios Pontifikat."[48] Wie Papst Franziskus diese „Selbstreinigung der Kirche" erreichen will, wird erst in den nächsten Jahren seines Pontifikats abzusehen sein. Ob er durch viele kleinere und auch größere Veränderungen dieses Ziel erreichen wird oder ob er ein mögliches III. Konzil einberufen wird, bleibt abzuwarten. Sicher ist nur, dass sich mit dem neuen Papst vom anderen Ende der Welt etwas tun wird in der Kirche!

---

[46] N.N.: Österreich: Franziskus, der dritte Konzilspapst. Auf:
http://de.radiovaticana.va/news/2014/04/26/österreich:_franziskus,_der_dritte_konzilspapst/ted-794013

[47] N.N.: Österreich: Franziskus, der dritte Konzilspapst. Auf:
http://de.radiovaticana.va/news/2014/04/26/österreich:_franziskus,_der_dritte_konzilspapst/ted-794013

[48] Hesemann, Michael: Papst Franziskus: Das Vermächtnis Benedikts XVI. und die Zukunft der Kirche. München, 2013, 258.

4 Interview mit einem ehemaligen Pfarrer der Pfarrei Sankt Konrad

Guten Tag, Herr Pfarrer. Ich möchte Ihnen nun ein paar Fragen zu meinem Seminararbeitsthema „Papst Franziskus – ein Papst von heute für heute" stellen. Es freut mich, die Möglichkeit zu bekommen, ihre Einschätzung dazu hören zu können. War für Sie der Ausgang des Konklave 2013 eine Überraschung? Wie haben Sie den neuen Pontifex seit seinem Amtsantritt vor gut einem Jahr erlebt?

Ich war zu Hause und habe es im Fernseher angeschaut. Es war für mich eine Freuden–Überraschung, denn er war nicht einer der Favoriten. Es hat mir gut gefallen, wie er bei seinem ersten Auftritt auf dem Balkon seine Arme ausgebreitet hat und die Menschen auf italienisch mit Guten Abend begrüßt hat.

Es ist nie leicht, ein Nachfolger eines verstorbenen oder noch lebenden Papstes zu sein. Jeder versucht sofort zu vergleichen, was der eine gemacht oder nicht gemacht hat. Aber Franziskus hat schon nach sehr kurzer Zeit gezeigt, dass er einen eigenen Stil hat und keinen Vorgänger als Vorbild braucht. Ich höre es als Pfarrer von vielen, dass auch die Menschen, die eigentlich weniger mit der Kirche am Hut haben, durch den neuen Papst Freude empfinden. Franziskus macht Freude indem er menschlich ist. Er kümmert sich um Kinder, er küsst und umarmt behinderte Menschen. Er muss ein Alptraum sein für seine Sicherheitsmänner. (lacht)

Inwiefern, denken Sie, wird sich Franziskus von unserem alten Papst Benedikt XVI. unterscheiden?

Ja, wenn ich die beiden Männer als Päpste vergleiche, dann würde ich – nicht böse gemeint – Papst Benedikt XVI. als ein Lineal sehen, das nur leicht biegbar ist, denn sonst würde es brechen. Papst Franziskus hingegen ist wie ein Stück Seil, du kannst es biegen und du kannst es in alle Richtungen drehen.

Mit Jorge Mario Bergoglio ist erstmals ein Südamerikaner zum Papst gewählt worden. Was für Unterschiede können wir in der Art der Leitung der Kirche erwarten?

Ich weiß es nicht genau, denn ich denke seine Hände sind einigermaßen gebunden. Manchmal will er etwas nicht, ist dann aber doch dazu angehalten, es tun zu müssen. Für mich war es schon längst an der Zeit, dass mal ein Südamerikaner dieses Amt übernimmt. Außerdem war es mal wieder an der Zeit, dass ein Papst aus so einem alten Orden wie dem Jesuitenorden kommt.

Wie schätzen Sie persönlich den neuen Pontifex ein? Wird er Ihrer Ansicht nach die Kirche nach vorne bringen? Speziell bezogen auf den Ruf der Öffentlichkeit nach einer Anpassung der Kirche an die heutige Zeit?

Ich habe eine Theorie: Papst Franziskus, der ja damals Benedikts größter Konkurrent im Konklave 2005 war, und Papst Benedikt haben vor dem Konklave 2013 miteinander gesprochen. Benedikt habe Franziskus gesagt, es gäbe sehr viele Dinge, die getan werden müssten. Ich schaffe das nicht mehr, auf meine Art und Weise zu tun. Aber du könntest etwas machen, das für die Kirche gut wäre. Denn es bedarf Reformen, vieler Erneuerungen und vieler Dinge, die neu erklärt werden müssten.

Ich denke schon, dass sich mit Papst Franziskus die Kirche verändern wird. Es wäre nur besser, wenn er noch zehn Jahre jünger wäre. Mir gefällt es auch zu hören, wenn er durch Rom mit dem Bus fährt und nicht in einer Limousine. Ich denke aber, wenn er selber diese Veränderungen nicht mehr schafft durchzuführen, wird er sie für seinen Nachfolger bereitstellen. Er ist wie ein Bauer. Er pflügt ein Feld und wenn er es selbst nicht mehr besät, dann bereitet er es so vor, damit sein Nachfolger es tun kann. Er wird nichts Dramatisches verändern, aber er wird eine Tür aufstoßen.

Genau wie ich es damals noch als junger Mann bei Papst Johannes XXIII. erlebt habe. Es gab damals einen italienischen Ausdruck für „mache die Tür auf und lass frischen Wind herein". Niemand hat damals gedacht, dass so etwas möglich sei, aber dann hat Johannes XXIII. das Konzil einberufen, und die Kirche hat damals ein paar Schritte nach vorne gemacht.

Meiner Meinung nach ist die Kirche die letzte Zeit aber bedauerlicherweise ein paar Schritte rückwärts gegangen. Von dem was wir gewonnen haben, haben wir leider etwas verloren.

Wie stehen Sie persönlich zu den viel diskutierten Streitpunkten der Kirche, wenn es um Themen wie Sexualität oder Zölibat geht?

Ich respektiere das Zölibat. Habe aber seit Anfang an gehofft, es würde sich etwas ändern. Ich hätte gerne eine Familie gegründet und als Familienvater gelebt. Aber ich wollte auch Priester werden. Meine Meinung zum Zölibat ist, ich will nicht sagen, aus der Mode. Ich denke aber, es wird sich die nächsten Jahre etwas ändern. Der erste Schritt der Kirche wird, beziehungsweise muss dabei sein, dass verheiratete Männer zu Priestern geweiht werden dürfen. Es ist ja schon so, dass verheiratete Männer Diakone werden dürfen, aber Männer, die bereits Diakone sind, nicht mehr heiraten dürfen. Vielleicht wird ja dann in Zukunft ein Priester mit seiner Frau und Kindern hier wohnen.

Ich habe nichts gegen Homosexuelle, für mich ist es eine ganz normale Sache, wie die Menschen eben sind. Was meint Ehe? Homosexuelle dürfen gesetzlich ja „nur" in anerkannten gleichgeschlechtlichen Partnerschaften leben. Kirchlich wird es das nie geben. Man kann Gott nur bitten, diese Entscheidung zu segnen. Es geht bei solchen gleichgeschlechtlichen Partnerschaften nicht um das Respektieren, sondern oftmals um die Bürokratie, also wie regelt man das mit der Krankenkasse und den Steuern.

Abtreibung kann ich nicht zulassen. Ich sehe fast nie einen Grund, weshalb ein Kind abgetrieben werden muss. Es ist ein Mensch! Verhütungsmittel sind für die meisten Menschen kein Thema mehr. Ich weiß, welche theologischen Hintergründe die Kirche für ihren Standpunkt hat, dennoch ist es in der Realität eine ganz normale Sache.

Glauben Sie Franziskus wird sich damit beschäftigen oder wird er sein Augenmerk hauptsächlich auf die Armen und Schwachen der Welt richten, wie zu seiner Zeit als Erzbischof von Buenos Aires?

Franziskus ist ein Held für all die armen Leute auf den Straßen! Ich nehme an, dass ihm jetzt durch seine neue Position die Hände etwas mehr gebunden sind, wenn es darum geht alleine Entscheidungen zu treffen und durchzusetzen. Ich schätze aber, dass er immer noch die Armut vor allem auch in Südamerika nicht aus den Augen verlieren wird.

Franziskus wird weiterhin auf der Seite der Armen und Schwachen stehen. Er identifiziert sich mit diesen Menschen und nicht mit den Reichen und Mächtigen.

In meiner Seminararbeit wäge ich auch verschiedene Anhaltspunkte ab, die für eine Eröffnung eines möglichen Dritten Vatikanischen Konzils sprechen könnten. Könnte Franziskus vielleicht nach Pius IX. und Johannes XXIII. der nächste Konzilspapst werden? Wie schätzen Sie die Chancen für eine solche Entscheidung ein und braucht die Kirche ein weiteres Konzil in dieser Zeit?

Ich denke eher nicht, dass Franziskus ein Konzil eröffnen wird. Wie ich bereits gesagt habe, wird Franziskus es vielleicht vorbereiten. Er selbst wird es aber nicht durchführen, denn die Vorbereitungen auf ein Konzil dauern über mehrere Jahre. Franziskus wird möglicherweise etwas im Voraus planen, um es an seinen Nachfolger weiterzugeben und ihm die Konzilseröffnung als eine Aufgabe zu vermachen. Franziskus wird versuchen seine Veränderungen in kleinen Schritten und Ansätzen umzusetzen. Aber auch hiermit wird er sicherlich dazu beitragen, um eine möglicherweise in gar nicht so ferner Zukunft liegenden Konzilseröffnung zu ermöglichen.

Danke Herr Pfarrer, dass Sie sich die Zeit genommen haben für dieses Interview.

Literaturverzeichnis

Primärliteratur

Rundschreiben:

Papst Franziskus [Sekretariat der Deutschen Bischofskonferenz] : Apostolisches Schreiben EVANGELII GAUDIUM des Heiligen Vaters Papst Franziskus an die Bischöfe, an die Priester und Diakone, an die Personen geweihten Lebens und an die christgläubigen Laien über die Verkündung des Evangeliums in der Welt von heute [Verlautbarung des Apostolischen Stuhls Nr. 194]. Bonn, 2013.

Sekundärliteratur

Monographien:

Biallowons, Simon: Franziskus: Der neue Papst. München, 2013.

Haupt, Heiko: Franziskus: Papst der Armen. München, 2013.

Hesemann, Michael: Papst Franziskus: Das Vermächtnis Benedikts XVI. und die Zukunft der Kirche. München, 2013.

Internetbeiträge:

Bremer, Jörg: Baustelle Vatikan. Auf: http://www.faz.net/aktuell/politik/kurienreform-baustelle-vatikan-12698630.html (aufgerufen am 20.09.2014)

N.N.: Das Wappen des neuen Papstes. Auf: http://de.radiovaticana.va/storico/2013/03/18/das_wappen_des_neuen_papstes/ted-674459 (aufgerufen am 04.09.2014)

N.N.: Papst Franziskus bemängelt die Umsetzung des zweiten Vatikanums. Auf: http://de.radiovaticana.va/news/2013/04/16/papst_franziskus_bemängelt_umsetzung_des_zweiten_vatikanums/ted-683281 (aufgerufen am 04.09.2014)

N.N.: Österreich: Franziskus, der dritte Konzilspapst. Auf: http://de.radiovaticana.va/news/2014/04/26/österreich:_franziskus,_der_dritte_konzilspapst/ted-794013 (aufgerufen am 04.09.2014)

Spadaro, Antonio: Das Interview mit Papst Franziskus Teil I und II. Auf: http://www.stimmen-der-zeit.de/zeitschrift/online_exklusiv/details_html?k_beitrag=3906412 (aufgerufen am 10.09.2014)

Wissenschaftliches Lexikon :

Kasper, Walter/Baumgartner, Konrad/Bürkle, Horst/Ganzer, Klaus/Korff, Wilhelm/Walter, Peter: Lexikon für Theologie und Kirche [Band 2–10]. Freiburg, ³1994–2001.

Bildquellen:

Abb. 1 auf Seite 7: „Papstwappen von Franziskus" Auf: http://www.wallfahrt-werl.de/images/ Wappen_Papst_Franziskus-Org.jpg (aufgerufen am 06.09.2014)

Abb. 2 auf Seite 10: „Die Römische Kurie" Auf: http://img.welt.de/img/ausland/ crop120664951/9639733303-ci3x2l-w540/DWO-Kurie.jpg (aufgerufen am 20.09.2014)